gymnastique

POCHE-ENCYCLOPEDIE

gymnastique

edilig
(jeunesse)

3 rue récamier, Paris 7e

Texte original de Jim et Pauline Prestidge
Traduit et adapté par François Keen
Illustré par Meg Warren
et Nicole Départe pour la couverture

Copyright © Granada, ISBN : 0-246-11979-9
© Edilig 1985 pour l'édition française
ISBN : 2 - 85601 - 097-0
ISSN : 0761-1323
Dépôt légal : 2e trimestre 1985

Imprimé en Italie, mars 1985
Photocomposition : Marchand, Paris

Sommaire

6

La gymnastique : un art

La gymnastique est une activité que l'on commence à pratiquer très jeune, en apprenant d'abord à se tenir debout, puis à courir, faire la « galipette », sauter et se tenir en équilibre sur une jambe. Plus tard, la maîtrise du corps se développe et c'est assez naturellement que l'on apprend à exécuter toutes sortes de mouvements comme le « poirier » ou les « pieds au mur ». Nous les faisons par jeu mais aussi par désir de nous exprimer avec grâce et souplesse. C'est cette combinaison d'adresse physique et d'expression artistique que nous appelons la gymnastique, cette discipline sportive qui fait la joie de tous, autant des athlètes que des spectateurs.

Aujourd'hui, avec le développement de ce sport et l'effort constant des gymnastes pour aller toujours plus loin, il est important d'insister sur l'aspect artistique, sans lequel la gymnastique perd sa force véritable. Les Allemands, auxquels on doit la gymnastique moderne, le savent bien, puisque leur mot pour la désigner est *Turnkunst,* signifiant littéralement « art gymnastique ».

A gauche : la Bulgare Galina Marinova exécute ici un exercice au sol en finale des Jeux Olympiques de Moscou, combinant à merveille sport et art, les deux pôles de la gymnastique moderne.

A droite : le Britannique Jeff Davies nous montre les points de force sollicités en gymnastique, ici à la croix équerre.

Histoire de la gymnastique

Les origines de la gymnastique remontent à la civilisation de la Grèce antique. Le terme « gymnastique » est issu du mot grec *gumnos*, qui signifie nu et a été employé pour désigner les exercices corporels parce qu'un coureur aux Jeux Olympiques, dit-on, perdit sa ceinture et sa tunique pendant une course, mais, libre de tout vêtement, remporta la victoire. Il est vrai que l'habit porté à l'époque était certainement peu adapté

Ci-dessus : il y a 2 000 ans environ, de jeunes Crétois sautaient par-dessus les cornes des taureaux, comme en témoigne cette peinture murale de l'ancien palais de Cnossos.

A droite : au 19ᵉ siècle, le « père » Jahn créa les agrès en Allemagne. Bien plus encombrants que ceux d'aujourd'hui, ils étaient seulement utilisés en plein air. Ce n'est que plus tard qu'ils furent simplifiés afin de pouvoir pratiquer la gymnastique en salle.

aux activités sportives ; la nudité devint vite une tradition sur les stades et dans les locaux d'entraînement.

On a trouvé en Crète, dans le palais de Cnossos, des peintures murales de cette époque représentant de jeunes gymnastes sautant par-dessus la tête des taureaux en utilisant les cornes comme poignées. Peut-être le saut actuel doit-il quelque chose à ces athlètes habiles et courageux. Mais c'est seulement des siècles plus tard que les Suédois, les Danois et les Allemands développèrent cette discipline ; c'est à eux surtout que l'on doit la gymnastique moderne.

La figure principale de ce renouveau fut un Allemand, patriote fanatique : Friedrich Ludwig Jahn, qui créa en 1812, dans un parc de Berlin, un gymnase en plein air. Les agrès qu'il inventa à cette occasion servent encore de base à la gymnastique moderne. Ses inventions lui valurent d'être surnommé le « père de la gymnastique ». En Suède, au même moment, Pehr Henrik Ling développait un style de gymnastique

utilisant des exercices en groupe, mais beaucoup plus en vue d'un enseignement. Les deux systèmes, gymnastique sportive de Jahn et gymnastique éducative de Ling, ont depuis suivi des voies différentes.

Jahn fut jeté en prison, pour des raisons politiques, et ses clubs de gymnastique, florissants dans toute l'Allemagne, furent fermés. Cependant de nombreux adhérents, désireux de continuer, commencèrent à s'entraîner secrètement dans des gymnases couverts et utilisèrent un équipement plus modeste afin de pouvoir le cacher rapidement si nécessaire. D'autres émigrèrent, ouvrant de nouveaux clubs. Les premiers clubs américains étaient d'origine allemande. On les appelait des *Turn Clubs,* et les membres étaient des *Turners*, le mot allemand pour désigner les « gymnastes ».

Avec une extension mondiale aussi rapide, les pratiques variaient considérablement. Chaque pays avait ses propres règles, les agrès n'étaient pas standardisés, et les clubs adaptaient leurs activités à leurs adhérents. Le besoin se fit bientôt sentir d'un rassemblement des nations concernées afin de créer une organisation mondiale. En 1881 fut fondée la Fédération internationale de gymnastique. Installé en Suisse, cet organisme réussit à contrôler ce sport au niveau international et à maintenir une certaine harmonie entre les pays, surtout entre ceux dont les systèmes politiques sont opposés.

En 1896, les Jeux Olympiques furent redécouverts à Athènes. Près de 300 athlètes masculins venus de 13 pays y participèrent devant une foule de 50 000 spectateurs. En gymnastique, les Allemands remportèrent très logiquement la plupart des épreuves.

L'évolution de la gymnastique

Une gymnaste danoise en 1908, portant le vêtement lourd et peu romantique de l'époque. Le maillot une pièce ne fut utilisé qu'après la Seconde Guerre mondiale.

Notre siècle a apporté de nombreux changements dans la pratique de la gymnastique. En 1908, aux Jeux Olympiques de Londres, les exercices au sol étaient exécutés non pas individuellement comme aujourd'hui, mais par équipes de 40 athlètes masculins vêtus de culottes descendant jusqu'aux genoux ; chaque pays présentait un programme d'une demi-heure au lieu des 90 secondes actuelles. Les agrès comprenaient la barre fixe, les barres parallèles, les anneaux et le cheval d'arçons, avec deux épreuves sur chaque, une rapide et une lente. Le grimper de corde avait lieu le dernier jour. Les précédents Jeux Olympiques comportaient une épreuve dite du « mât de cocagne ».

Malgré la présence d'une équipe féminine danoise aux Olympiades de 1908, c'est seulement en 1928 que les femmes furent autorisées à concourir et en 1936 qu'il y eut des épreuves féminines aux Jeux

Ci-dessous : les spartakiades, le plus grand et le plus spectaculaire festival de gymnastique, se déroulent régulièrement à Prague. 200 000 spectateurs viennent assister aux stupéfiantes performances des 16 000 athlètes.

A droite : une vue habituelle, le salut de la victoire par l'équipe féminine soviétique, championne du monde en 1981. L'entraîneuse fut elle-même championne olympique en 1960.

Olympiques. Avant, leur participation était considérée comme une manifestation d'indécence, et pendant des années leur costume dut être particulièrement discret et modeste. Un magazine de couture proposait, pour la confection d'une tenue de gymnastique féminine, un vêtement en serge utilisant 5 mètres de laine épaisse. Même les bas noirs de l'équipe féminine anglaise, médaille de bronze en 1928, firent sensation.

L'événement le plus mémorable fut l'entrée en compétition pour la première fois, aux Jeux Olympiques de 1952, des Soviétiques et des Japonais, jusque-là inconnus, et qui dominèrent les autres nations. Les équipes masculines et féminines soviétiques gagnèrent avec une grande maîtrise, confirmant leur supériorité en remportant la plupart des médailles aux épreuves individuelles et par engin. Depuis, Soviétiques et Japonais collectionnent les victoires masculines individuelles ou par équipe ; quant aux femmes, il en serait de même pour les Soviétiques sans la présence de l'extraordinaire Tchécoslovaque Vera Caslavska.

La gymnastique aujourd'hui

Depuis sa création en 1881, la Fédération internationale de gymnastique (F.I.G.) s'est toujours efforcée de standardiser les règles de ce sport pour ses pays membres, de prendre part aux votes et superviser les décisions du jury dans les grandes compétitions, et d'améliorer le décompte des points par l'électronique. En 1983, la F.I.G. compte 83 fédérations dont la Fédération française de gymnastique, et presque 30 millions de membres : 15 millions de femmes et 14,4 millions d'hommes.

Un des problèmes majeurs des organisateurs de compétitions du monde entier demeure l'indemnisation des concurrents. Longtemps les participants ne furent

remboursés d'aucune dépense. Même les médaillés olympiques devaient payer pour participer à des compétitions organisées dans des pays lointains. Aujourd'hui, les organisateurs de sport amateur ont adopté une attitude plus raisonnable et les athlètes peuvent maintenant bénéficier d'une aide financière pour les déplacements, l'entraînement et l'équipement.

Le coût global d'une grande compétition de gymnastique a beaucoup augmenté depuis l'époque où des championnats nationaux étaient même organisés dans les gymnases des lycées à peu de frais. Mais des organisations nationales ou des sponsors de toute nature peuvent maintenant apporter un soutien financier. Pour une ville ou un club, il est possible de bénéficier d'une aide des collectivités locales ou des pouvoirs publics.

Ci-dessus : les juges consultent l'arbitre pour une décision délicate.

A gauche : la parade des gymnastes à la Ennia Gold Cup, en Hollande.

15

Les grandes compétitions

Les Jeux Olympiques de gymnastique furent créés en 1896, les Championnats du monde en 1900, les Championnats d'Europe en 1955 et la Coupe du monde en 1975.

Les Jeux Olympiques (organisés tous les 4 ans), la Coupe du monde et les Championnats d'Europe (où les athlètes ne présentent que des exercices libres) se déroulent en deux phases : le concours général, puis le concours individuel. A partir des 36 gymnastes les mieux classés, sont déterminés les 8 meilleurs par épreuve. Ces gymnastes disputent enfin le titre individuel à chaque engin en exécutant un programme libre de difficulté croissante.

Aux Jeux Olympiques et aux Championnats du monde, chaque concurrent présente un exercice imposé et un exercice libre. La cotation s'effectue ainsi : pour chacune des épreuves, le jury cote chaque exercice

sur 10 points. La note est établie selon plusieurs critères : exécution des mouvements, difficulté, combinaison des diverses parties, risque, originalité et virtuosité.

Le palmarès des médailles gagnées jusqu'en 1983 est le suivant. Union soviétique : 163 médailles aux J.O., 172 aux Championnats du monde, 218 aux Championnats d'Europe. Japon : 72 médailles aux J.O., 85 aux Championnats du monde. États-Unis : 49 médailles aux J.O. Tchécoslovaquie : 74 médailles aux Championnats du monde, 29 aux Championnats d'Europe. France : 26 médailles aux Championnats du monde, dont 7 d'or, 9 d'argent et 10 de bronze. Aux Championnats de France individuels, Jean-Luc Cairon remporta le concours général hommes en 1983 et 1984 et Corinne Ragazzacci le concours général dames en 1981, 1982, 1983 et 1984.

Spectaculaire cérémonie d'ouverture de Championnat d'Europe féminin.

Les champions

JEUX OLYMPIQUES

		Londres 1948	Helsinki 1952
HOMMES	Individuel	Vaikko Huhtanen F	Victor Choukarine U
	Équipe	Finlande	Union soviétique
DAMES	Individuel	*Pas de médailles*	Maria Gorokhovskaya U
	Équipe	Tchécoslovaquie	Union soviétique

		Mexico 1968	Munich 1972
HOMMES	Individuel	Sawao Kato J	Sawao Kato J
	Équipe	Japon	Japon
DAMES	Individuel	Vera Caslavska T	Ludmila Turischeva U
	Équipe	Union soviétique	Union soviétique

CHAMPIONNATS DU MONDE

		Rome 1954	Moscou 1958
HOMMES	Individuel	Valentin Muratov U Victor Choukarine U	Boris Chakhline U
	Équipe	Union soviétique	Union soviétique
DAMES	Individuel	Galina Roudiko U	Larissa Latynina U
	Équipe	Union soviétique	Union soviétique

		Varna 1974	Strasbourg 1978
HOMMES	Individuel	Shigeru Kasamatsu J	Nikolai Andrianov U
	Équipe	Japon	Japon
DAMES	Individuel	Ludmila Turischeva U	Elena Moukhina U
	Équipe	Union soviétique	Union soviétique

CHAMPIONNATS D'EUROPE

	Anvers 1965	Tampere 1967
HOMMES	**Anvers 1965** Franco Menichelli I	**Tampere 1967** Mikhail Voronine U
DAMES	**Sofia 1965** Vera Caslavska T	**Amsterdam 1967** Vera Caslavska T

	Berne 1975	Vilnius 1977
HOMMES	**Berne 1975** Nikolai Andrianov U	**Vilnius 1977** Vladimir Markelov U
DAMES	**Skien 1975** Nadia Comaneci R	**Prague 1977** Nadia Comaneci R

	B Bulgarie	P Pologne	R Roumanie
	E États-Unis	RDA	S Suisse
Table des	F Finlande	République	T Tchécoslovaquie
abréviations	I Italie	démocratique	U Union soviétique
des pays	J Japon	allemande	Y Yougoslavie

Melbourne 1956	Rome 1960	Tokyo 1964
Victor Choukarine U	Boris Chakhline U	Yukio Endo J
Union soviétique	Japon	Japon
Larissa Latynina U	Larissa Latynina U	Vera Caslavska T
Union soviétique	Union soviétique	Union soviétique

Montréal 1976	Moscou 1980	Los Angeles 1984
Nikolai Andrianov U	Alexander Dityatine U	Peter Vidmar E
Japon	Union soviétique	États-Unis
Nadia Comaneci R	Elena Davidova U	Mary-Lou Retton E
Union soviétique	Union soviétique	Roumanie

Prague 1962	Dortmund 1966	Ljubljana 1970
Yuri Titov U	Mikhail Voronine U	Eizo Kenmotsu J
Japon	Japon	Japon
Larissa Latynina U	Vera Caslavska T	Ludmila Turischeva U
Union soviétique	Tchécoslovaquie	Union soviétique

Fort Worth 1979	Moscou 1981	1983
Alexander Dityatine U	Yuri Korolev U	Dimitri Belozertchev U
Union soviétique	Union soviétique	Chine
Nelli Kim U	Olga Bitcherova U	Natalia Yurchenko U
Roumanie	Union soviétique	Union soviétique

Varsovie 1969	Madrid 1971	Grenoble 1973
Mikhail Voronine U	Victor Klimenko U	Victor Klimenko U
Landskrona 1969	**Minsk 1971**	**Londres 1973**
Karin Janz RDA	Ludmila Turischeva U	Ludmila Turischeva U

Essen 1979	Rome 1981	1983
Stoyan Deltchev B	Alexander Tkatchev U	Dimitri Belozertchev U
Copenhague 1979	**Madrid 1981**	**1983**
Nadia Comaneci R	Maxi Gnauck RDA	Olga Bitcherova U

Devenir un champion

Il y a dans le monde entier de jeunes gymnastes passionnés qui consacrent leurs loisirs à travailler tous les soirs des exercices au gymnase. Les clubs de gymnastique sont presque partout les mêmes, sauf en Europe de l'Est, où les jeunes reçoivent un entraînement plus rigoureux.

Une soirée dans un club de gymnastique peut débuter par une classe de 20 ou 30 enfants, pour qui le sport est surtout un amusement, et finir par une session de dur entraînement pour ceux qui sont sélectionnés. La gymnastique alors n'est pas un jeu, mais un travail difficile et constant, toujours guidé par la critique de l'entraîneur. Seules des douleurs ou des ampoules peuvent les arrêter. Souvent les progrès espérés n'apparaissent qu'après des semaines de répétition intensive jusqu'à ce que les problèmes soient maîtrisés.

De jeunes futures championnes regardent attentivement leurs aînées en action. Ces jeunes gymnastes du Dynamo Club de Moscou sont déjà plongées dans l'atmosphère de la compétition internationale. Elles ont la responsabilité importante de « messagères » du juge, ce qu'elles considèrent comme un privilège et un honneur. Leur charme et leur enthousiasme nous manqueront, remplacés par l'électronique.

20

La victoire, récompense d'un immense travail.

La route est longue pour devenir un champion de gymnastique, mais il est encore plus dur de le rester. Il ne suffit pas d'être parmi les meilleurs, il faut sans cesse s'améliorer. En gymnastique, l'athlète doit être au maximum de sa condition physique et mentale ; même un rhume ou une migraine peuvent diminuer considérablement ses possibilités. De plus, les gymnastes, pour la plupart, sont encore étudiants et doivent fournir un certain travail scolaire, souvent dans la voiture familiale, en route vers les compétitions ! Ils doivent aussi demander des congés pour des entraînements spéciaux ou des compétitions. Dans de nombreux pays, ces difficultés ont pu être surmontées pour les jeunes athlètes, mais le problème reste à résoudre complètement pour les amateurs.

Gymnastique de club

Un groupe de jeunes gymnastes exécutant, dans leur club, des exercices pour la souplesse des hanches et l'extension des jambes. Ils commencent par s'asseoir, le dos bien droit, les bras en l'air tendus derrière les épaules, les jambes collées au sol ; ils baissent alors le buste, rapprochant doucement la poitrine des jambes ; puis ils se redressent. Ce mouvement vers l'avant et vers l'arrière est répété de nombreuses fois.

Les champions olympiques ont tous débuté dans un club. Il est donc bon pour un club de commencer avec des jeunes de cinq ou six ans, en leur donnant l'éducation de gymnastique de base. Les activités les plus importantes sont l'adresse au sol, le saut, les appuis et les équilibres. Au début, la progression de l'élève doit se faire lentement, régulièrement et avec beaucoup d'attention. Un proverbe dit : « Il faut apprendre à marcher avant de pouvoir courir. » De même, si votre appui tendu renversé est correct, votre saut de mains le sera aussi. L'enfant doit être immédiatement attiré par la compétition et les épreuves, comme celles prévues par la Fédération française de gymnastique.

En France, la gymnastique connaît un grand essor.

En 1983 : 107 387 licenciés, dont 69 683 féminines (50 000 licences en 1960) et 1 151 clubs (seulement 10 clubs en 1875) ! L'U.F.O.L.E.P., avec ses 22 729 licenciés et ses 319 associations en 1983, apporte sa contribution à la formation des gymnastes et à la promotion de la gymnastique.

Les compétitions inter-club sont un bon stimulant pour le jeune gymnaste dont les capacités progressent. De cette expérience, les meilleurs se distingueront et pourront être sélectionnés pour des équipes régionales ou nationales. Seul un petit pourcentage de participants atteindra le niveau national car le temps que les gymnastes doivent consacrer à leur sport est considérable, en plus des qualités physiques et mentales requises.

Exercice de balancement de jambes pour la souplesse des hanches, exécuté par la gymnaste anglaise Suzanne Dando, à l'échauffement pendant une compétition à Londres.

Souplesse des hanches et des jambes

Écarts : pour la souplesse des hanches et des jambes

Le pont : pour la souplesse et la force des épaules et du dos

Force et tension du dos et des abdominaux

Souplesse et force des jambes et des hanches

Préparation physique

La gymnastique est un sport qui exige une grande souplesse. La colonne vertébrale doit pouvoir se plier et se redresser librement ; les membres doivent pouvoir exécuter toutes sortes d'extensions. De plus, le corps doit être fort et puissant. Cette condition du corps s'obtient par les exercices répétés qu'exigent les différentes disciplines : le sol d'abord, puis les agrès.

Pour exécuter les figures illustrées ici, le corps doit être entièrement échauffé. Il est essentiel d'avoir des vêtements chauds ; la température du corps se réglera pendant votre échauffement : course, sauts, rotations de bras. Ensuite, les extensions et les fléchissements peuvent commencer, en surveillant particulièrement l'alignement correct du corps et des membres. Il est indispensable que cette préparation de base se fasse avec précautions et soit supervisée par un entraîneur qualifié, car elle est la clé des réussites en gymnastique.

Équerre jambes écartées

Saut en siège écarté : pour s'élever

Force et souplesse des épaules et des jambes

Équerre forcée

Neuf positions qu'il est indispensable de maîtriser pour atteindre la perfection. C'est seulement par la persévérance dans les exercices qui développent la souplesse et la force que l'on peut obtenir ces résultats.

Exercices au sol et acrobaties

Séquence typique de figures : roue, flic-flac et salto arrière tendu.

Roue

Les exercices au sol consistent en une série de sauts, rotations, mouvements de danse et acrobaties qui dure environ 90 secondes. Pour les femmes, les exercices se font en musique, pas pour les hommes. Les acrobaties sont des exercices au sol qui comprennent des figures comme le flic-flac ou les saltos.

Les bases de l'acrobatie sont les roulades avant et arrière, l'appui tendu, le pont et la roue. L'appui tendu renversé est particulièrement important car il est indispensable pour tous les exercices aux agrès. Ces cinq mouvements doivent être appris au cours des premières années et assimilés dans les moindres détails. Lorsque le gymnaste acquiert de la force dans les membres, il doit apprendre à sauter et à se propulser avec les pieds et les mains, d'abord avec l'aide d'un tremplin ou d'un appareil spécial puis sur un tapis mousse. En utilisant ces aides, qui permettent de rester plus longtemps en l'air, le gymnaste peut commencer à exécuter des rotations du corps comme des saltos.

La Roumaine Emilia Eberle fait preuve d'élégance dans cette position inhabituelle.

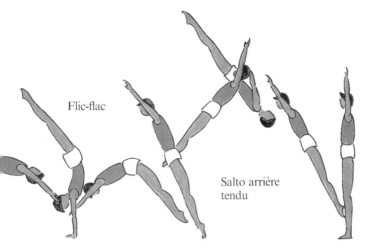

Flic-flac

Salto arrière tendu

Le jeune gymnaste s'apercevra vite qu'un salto arrière groupé est un saut élevé suivi d'une roulade arrière et qu'un flic-flac est un saut de mains arrière suivi d'un appui tendu renversé et d'une rapide descente des jambes jusqu'à la station debout. Ces mouvements doivent être appris petit à petit et séparément, en utilisant si possible des aides de sécurité : tremplins élastiques ou tapis mousse. Là encore, il est essentiel d'être guidé soigneusement.

A gauche : vous pouvez enchaîner les mouvements de base pour exécuter des séquences simples.
(a) La roue, avec l'accent sur le mouvement descendant de côté.
(b) La roulade arrière, l'appui tendu et la souplesse arrière. Les points à observer sont l'extension totale du corps au début et à la fin de chaque mouvement et l'angle très large des jambes.
(c) Roulade avant, position accroupie suivie par un saut avec tour complet et réception en station droite.

Un saut original tout en force et en souplesse exécuté par la Soviétique Elena Davidova.

Les barres asymétriques

Dérivées des barres parallèles pour hommes, les barres asymétriques pour les femmes consistent en deux barres dont l'une est ajustable à la taille de chaque gymnaste. Ce type d'appareil fut introduit par les Suédois, qui exécutaient surtout des équilibres et des passages simples d'une barre à l'autre. C'est en 1952, avec l'entrée des Soviétiques aux Jeux Olympiques, que l'on découvrit le grand intérêt de cet appareil, qui continue aujourd'hui encore à se développer. Les mouvements actuels de compétition doivent comprendre : des balancers, des bascules, des sauts, des changements de direction, des appuis et des saltos.

Les performances les plus impressionnantes dans les compétitions de haut niveau donnent l'impression que l'athlète travaille deux barres fixes à la fois. Cela exige des années de préparation, pour obtenir à la fois la condition physique et la compréhension profonde des mécanismes du mouvement.

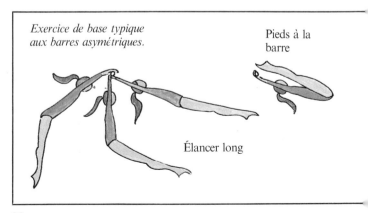

Exercice de base typique aux barres asymétriques.

Pieds à la barre

Élancer long

*Appui tendu écarté par la Hongroise
Erika Csanji, qui montre ici
sa confiance et sa virtuosité.*

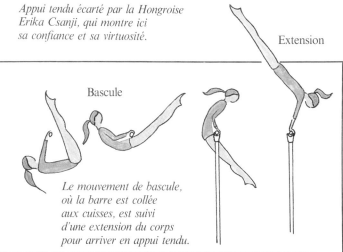

Extension

Bascule

*Le mouvement de bascule,
où la barre est collée
aux cuisses, est suivi
d'une extension du corps
pour arriver en appui tendu.*

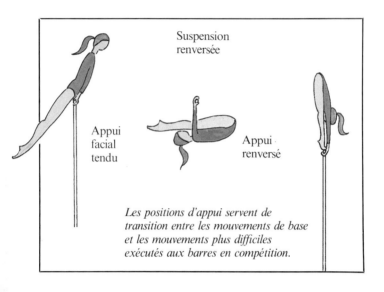

Suspension renversée

Appui facial tendu

Appui renversé

Les positions d'appui servent de transition entre les mouvements de base et les mouvements plus difficiles exécutés aux barres en compétition.

Le soin des mains est vital pour le travail aux barres. L'Allemande de l'Est Maxi Gnauck se poudre les mains et ajuste ses maniques avant l'exercice. Elle porte aussi un bandage aux poignets pour soulager la douleur provoquée par les lanières.

Avec le frottement continuel des mains sur les barres, des douleurs et des ampoules apparaissent naturellement. Pour éviter cela, le gymnaste porte une fine protection en cuir qui recouvre la paume de la main. Puis il s'applique de la poudre de carbonate de magnésium, couramment appelée craie, pour éviter la transpiration et l'impression de glisser de la barre. Pour les ampoules utilisez de la pommade cicatrisante, et recouvrez de bandages ou de pansements.

La Chinoise Zhu Zheng nous montre une extension parfaite des mains aux orteils et un contrôle total dans l'exécution de la pirouette à la barre.

De nombreux exercices présentés ici peuvent être faits par des débutants, dans le cadre d'une initiation. Ces exercices sont alors simplifiés par le professeur ou le moniteur et se déroulent sur des agrès dont la hauteur a été réduite.

Les barres parallèles

Exercice pour débutants. Ces mouvements de base doivent être parfaitement exécutés avant de se lancer dans des figures plus complexes.

Cet appareil, comme son nom l'indique, consiste en deux barres fixes placées côte à côte et situées à la même hauteur. Au début, il était uniquement destiné à fortifier le buste et les épaules ; mais, comme tous les agrès, il a servi de base à l'invention de toutes sortes de nouveaux mouvements. En plus des éternelles flexions et extensions, les athlètes y exécutent maintenant des appuis tendus, des pirouettes, des cercles, des saltos et des sorties avec double rotation avant réception. Ces mouvements doivent être combinés en un exercice continu très « coulé » et esthétique.

Les débutants apprennent d'abord à se balancer en appui et à sortir par un simple saut avant ou arrière. La technique de la bascule (page 31) doit être aussi bien assimilée par les garçons que par les filles, car elle est utilisée aux barres parallèles et à la barre fixe.

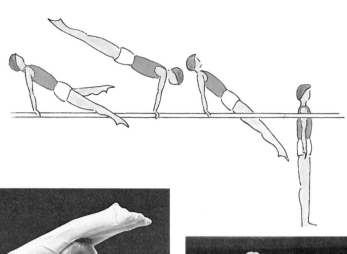

Souplesse, force et contrôle sont parfaitement combinés chez le Soviétique Alexander Tumilovitch (ci-dessus), tandis que le Hongrois Gyorgy Guczoghy (à droite) exécute avec une grande maîtrise la pirouette de Diamodov, du nom de son inventeur soviétique, qui la créa en 1966.

La barre fixe

La barre fixe est, parmi les agrès pour hommes, le plus fascinant et le plus admiré. Les gymnastes y développent tout leur talent, exécutent de grands cercles interrompus par des saltos époustouflants, reprennent la barre pour continuer à tourner, à une seule main, avant de sortir en double ou même triple salto.

Le mouvement de barre fixe le plus étonnant : le grand cercle ou lune. Il est depuis peu exécuté à une seule main. Le poids supporté par les doigts du Japonais Shinji Morisue (ci-dessus) représente plusieurs fois celui de son propre corps.

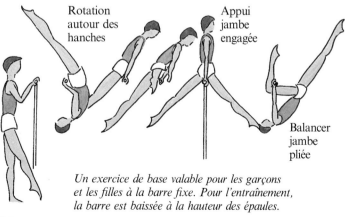

Rotation autour des hanches

Appui jambe engagée

Balancer jambe pliée

Un exercice de base valable pour les garçons et les filles à la barre fixe. Pour l'entraînement, la barre est baissée à la hauteur des épaules.

La sortie filée peut être développée de manière plus complexe, avec un cercle complet, un appui tendu et un salto.

La barre fixe a connu beaucoup de modifications. A l'origine recouverte de bois et mesurant environ 7 cm de diamètre, elle a ensuite été affinée et recouverte de cuir. Aujourd'hui elle est en acier et mesure 2,8 cm de diamètre. La hauteur est ajustable jusqu'à 2,5 m.

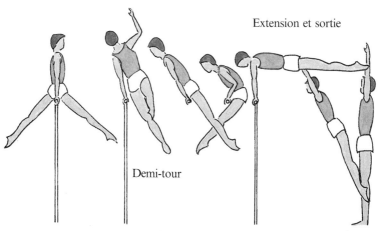

Extension et sortie

Demi-tour

La poutre

Premier appareil à être conçu exclusivement pour les femmes, la poutre est en bois rembourré, légèrement plus large que le pied. On y exécute tous les mouvements pratiqués au sol, à une hauteur de 1,20 m dans les grandes compétitions, un peu moins dans les tournois juniors.

En compétition, la gymnaste doit exécuter une série continue de mouvements vers l'avant, vers l'arrière et sur le côté pendant près d'une minute et demie, comprenant équilibres, sauts, vrilles, rotations, acrobaties et pas de danse. Ces figures doivent être exécutées avec élégance et suivre une chorégraphie logique. Mais il arrive que les athlètes perdent cette qualité en voulant suivre les exigences de la Fédération internationale de gymnastique et montrer des mouvements extrêmement compliqués, d'où parfois une élégance et un rythme moins satisfaisants.

Les figures de base à la poutre (pas, bonds, rotations et équilibres) peuvent être d'abord pratiquées au sol puis perfectionnées à la poutre.

Jeté

Puissance, contrôle et élégance dans l'exécution de la Roumaine Rodica Dunca à la poutre.

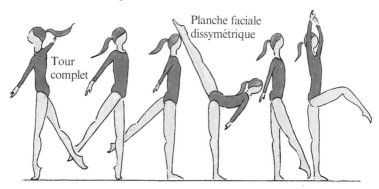

Tour complet

Planche faciale dissymétrique

Exploitant au maximum une seule poutre, quatre gymnastes s'exercent à des mouvements tels que des sauts et des rotations.

A gauche : la Soviétique Natalia Chapochnikova, une des plus célèbres novatrices à la poutre, exécute ici son équilibre écarté unique, qui exige une grande souplesse des articulations de la hanche.

Parmi les meilleures gymnastes de la poutre, citons l'Américaine Kathy Johnson et la Soviétique Stevtlana Grozdova.

La débutante à la poutre doit passer des heures à marcher sur un parapet long de 5 mètres pour s'accoutumer à la sensation inhabituelle que procure la hauteur. Toutefois, pour progresser en sécurité, elle peut perfectionner les mouvements au sol, en traçant à la craie la largeur de la poutre : 10 cm. Elle peut aussi s'entraîner sur un banc, plus haut mais plus large, donc rassurant ; elle y expérimente des sauts plus hauts, des roulades et des appuis tendus. En pratiquant chaque mouvement de cette manière progressive, la gymnaste gagnera en confiance et en maîtrise.

La Bulgare Zoya Grantcharova exécute ici un équilibre sur la poitrine, exercice inconfortable mais original et difficile, qui exige de la souplesse et de la force.

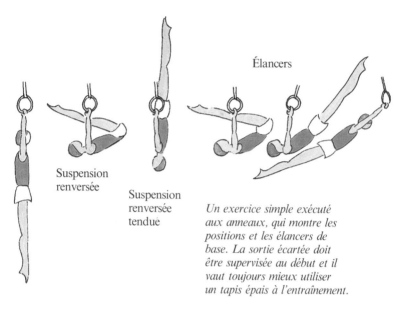

Élancers

Suspension renversée

Suspension renversée tendue

Un exercice simple exécuté aux anneaux, qui montre les positions et les élancers de base. La sortie écartée doit être supervisée au début et il vaut toujours mieux utiliser un tapis épais à l'entraînement.

Les anneaux

Cet appareil consiste en une paire d'anneaux de 20 cm de diamètre, pendant côte à côte de cordes accrochées à une monture en métal. Réservés aux hommes, les anneaux restent quasiment immobiles pendant la prestation du gymnaste, ce qui est très difficile à réussir mais nécessaire pour l'exécution des trois positions d'appui tendu requises en compétition.

Comme les barres parallèles, les anneaux exigent une grande force dans les épaules et le dos pour exécuter la croix de fer et la planche en suspension. La fameuse croix de fer, avec un quart de tour à gauche puis à droite, fut exécutée pour la première fois par le Soviétique Albert Azarian et surnommée la « croix Azarian ». Ses innovations furent continuées par son fils Edward, membre de l'équipe nationale soviétique.

Élancers

Sortie
écartée

*Ci-dessous : le Bulgare Stoyan
Deltchev, qui a donné son
nom à un exercice de barre
fixe, a apporté une nouvelle
dimension aux anneaux.*

Le cheval d'arçons

A droite : le passé de jambes, en transférant le poids du corps d'un bras à l'autre, est le mouvement de base.

Ci-dessous : le Soviétique Alexander Pogorelov nous montre les qualités requises au cheval d'arçons : puissance, souplesse, rythme et virtuosité.

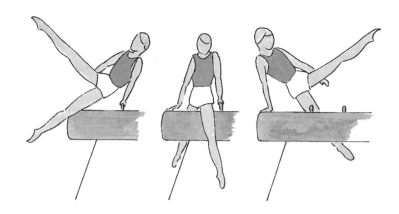

Le cheval d'arçons est pareil au cheval de saut, mais avec deux poignées en bois au-dessus. C'est un appareil pour hommes, mais aussi traître que la poutre pour les femmes : le gymnaste peut d'une minute à l'autre se retrouver par terre sans s'y attendre. Le cheval d'arçons et la poutre sont très difficiles à maîtriser et on ne réussit qu'à force de travail continu sur des mouvements sans cesse répétés.

Les arçons exigent et développent la force des épaules. L'athlète n'arrivera à une exécution parfaite que si le corps a assimilé la technique des balancers en rythme et du transfert de poids d'une main à l'autre. Ce transfert crée un problème : les mains font les frais du travail dans quatre des six disciplines et les paumes peuvent en souffrir considérablement. Le soin apporté aux mains est vital pour le gymnaste, qui utilise généralement des maniques pour atténuer la friction et la douleur.

Ces dernières années, on a vu les plus célèbres spécialistes de cet appareil explorer de nouvelles possibilités en exécutant des mouvements de plus en plus spectaculaires, comme les cercles et les ciseaux atteignant la position d'appui tendu.

Le saut

1

2

Le saut est la discipline la plus connue en gymnastique. Il commence par une course d'élan d'environ 20 mètres, se poursuit par un appel sur le tremplin et par la première phase, qui finit quand les deux mains touchent le cheval. La deuxième phase débute par une poussée vigoureuse des mains et se termine avec la réception en station droite.

La qualité du saut est déterminée par les positions du corps pendant les deux phases. Les deux sauts de base pour débuter sont le simple saut écarté et le saut fléchi. Le saut de compétition le plus facile s'exécute en lançant les bras tendus et en faisant suivre le corps tendu. Au-delà de ces deux sauts, il y a bien sûr toute une gamme de variantes complexes : tours, saltos, etc.

3

La Roumaine Nadia Comaneci
exécute ici un saut parfait
qui porte le nom de son
inventeur : le Tsukahara.
1 : le demi-tour dans la
première phase.
2 : la poussée, corps tendu.
La poitrine est propulsée,
suivie par les hanches.
3 : le salto.
4 : la réception parfaite.

4

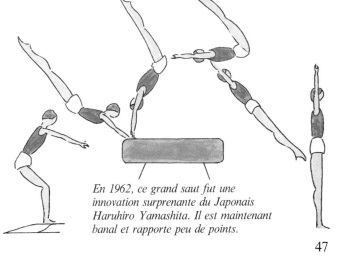

En 1962, ce grand saut fut une
innovation surprenante du Japonais
Haruhiro Yamashita. Il est maintenant
banal et rapporte peu de points.

47

Plus un saut est difficile, plus la note attribuée est élevée. Un exercice doit comporter plusieurs difficultés, classées en trois catégories. A : difficulté de base, B : difficulté moyenne, C : difficulté supérieure. Le gymnaste doit présenter six figures A, quatre B et une C. Le barème des points est consigné en détail dans le code de pointage de la Fédération internationale de gymnastique et réévalué de temps en temps.

En compétition, les hommes abordent le cheval de saut en longueur et les femmes en largeur.

Ci-dessus : pour s'entraîner à l'appel, on peut utiliser le tremplin sans le cheval. Les bras se tiennent d'abord derrière le corps puis se lancent en avant pour donner l'élan.

A droite : l'entraîneur Dick Mulvihill se montre un pareur d'une grande précision en supervisant l'Américaine Tracee Talavera, qui exécute ici un saut de mains avec double salto avant.

48

Pour apprendre les cercles au cheval d'arçons, le gymnaste peut utiliser des barres parallèles pour soutenir le poids du corps (ci-dessus) ou un accessoire improvisé (ci-dessous).

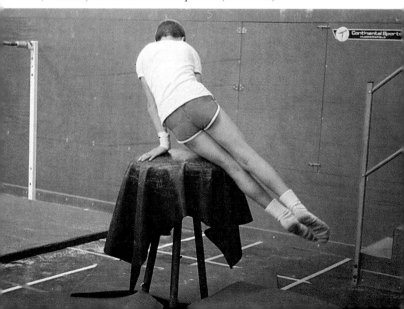

Les protections à l'entraînement

Afin d'augmenter la sécurité pendant l'entraînement, on a développé certains accessoires de protection. Après le simple tapis en fibres pour la réception, il existe maintenant des tapis sophistiqués pour des usages spécialisés : le tapis-mousse épais de 40 cm ; le tapis Pleyel de 20 mètres de long ; le praticable carré de 12 mètres de long. Mais la meilleure sécurité reste les cubes de mousse, que l'on dispose sous les agrès sur une épaisseur de 2 mètres.

Les tapis de protection amortissent le contact avec le sol, mais il faut aussi des protections pour les mains : on utilise des maniques pour éviter des blessures aux paumes.

Boucles de sécurité en ruban de nylon pour éviter que les mains ne glissent de la barre pendant l'apprentissage. Il ne faut les utiliser que sous le contrôle d'un entraîneur. On doit aussi porter des gants.

Un jeune gymnaste exécute une sortie difficile. De la mousse de sécurité est disposée sous la barre.

51

Gymnastique acrobatique

L'acrobatie est une activité presque aussi ancienne que la gymnastique et on sait qu'au Moyen Age il y avait des acrobates dans les troupes de baladins. Les acrobates devinrent ensuite l'attraction principale des cirques. Les équilibristes étaient également très appréciés pour leur puissance et leur imagination. Malgré ces débuts passionnants, l'acrobatie fut longue à s'intégrer à la gymnastique. Sa vitesse d'exécution et la qualité de ses culbutes apparurent seulement lorsque l'exercice collectif au sol du début du siècle, qui durait 30 minutes, fut remplacé par les prestations individuelles de 90 secondes.

La technique de l'acrobatie est devenue si perfectionnée et le tapis de sol si sophistiqué que l'acrobatie est maintenant un sport à part entière.

A gauche : un groupe polonais en compétition démontre tout l'attrait et toute la technique de l'acrobatie sportive.

A droite : art et sens de la mise en scène caractérisent la performance incroyable des Bulgares Anguelova et Minchev dans la catégorie des paires mixtes.

Gymnastique rythmique et sportive

La gymnastique rythmique sportive, appelée aussi G.R.S., est une discipline très attrayante de la gymnastique féminine, et assez particulière. Elle consiste en des mouvements au sol sans acrobaties mais est mise en valeur par l'emploi de cinq engins : ballon, massue, corde à sauter, ruban et cerceau. Elle se pratique soit individuellement, avec ou sans engins, soit par équipes de six filles. Elle est insolite car elle utilise deux engins plutôt inhabituels, la massue et la corde, autrefois très employés en gymnastique mais abandonnés depuis des années. Le haut niveau technique et esthétique de cette discipline en fait un sport idéal pour les athlètes féminines de tout âge.

Ce n'est qu'après des années de développement que la G.R.S. a acquis son statut actuel. Appelée à l'origine « gymnastique moderne », c'est en 1974 que l'appellation gymnastique rythmique sportive lui fut donnée. Les championnats du monde se déroulent depuis 1963, tous les deux ans, les championnats d'Europe depuis 1978 et la Coupe du monde depuis 1983. La G.R.S. a été inscrite aux Jeux Olympiques 1984 à Los Angeles. Un grand championnat comporte des épreuves par équipes et individuelles. Le comité international désigne plusieurs mois à l'avance les engins qui seront utilisés, en général quatre parmi les cinq existants. La gymnaste exécute quatre exercices, un avec chaque engin. Le total est noté sur dix comme pour les autres disciplines de gymnastique.

Quelques grands champions

Nikolai Andrianov URSS.
Né en 1952 à Vladimir, berceau
de la gymnastique en Union
soviétique. Son entraîneur
est Nikolai Tolkachov,
un des plus célèbres dans
son pays. Remarqué pour
la première fois en 1969, aux
Spartakiades junior. Première
médaille olympique en 1972,
au sol. Champion d'Europe
en 1975. Champion olympique
général en 1976. Champion
du monde général en 1978.
Vera Caslavska Tchécoslovaquie.
Née en 1942. Ses nombreuses
confrontations à Larissa

Latynina figurent parmi les
meilleures performances
jamais vues. 11 médailles
olympiques, 9 mondiales et
14 européennes la placent 2ᵉ
derrière sa rivale.
Miroslav Cerar Yougoslavie.
Né en 1939, grand gymnaste
sur tous les agrès, il était
superbe au cheval d'arçons.
Sa participation à 3 Olympiades,
3 championnats du monde
et 5 championnats d'Europe
est encore inégalée. Il fut deux
fois champion d'Europe.
Boris Chakhline URSS.
Premier gymnaste à être

Nikolai Andrianov   *Miroslav Cerar*

Eberhard Geinger

Stevtlana Grozdova

acclamé mondialement,
Chakhline est né en 1932. Ses
performances tout en puissance
lui valurent le surnom de
« Chakhline de fer ». A
34 ans, en 12 ans de carrière,
il a remporté 13 médailles
olympiques et 14 mondiales.

Nadia Comaneci Roumanie.
Née en 1961, Comaneci était
inconnue jusqu'à sa révélation
en 1975 au championnat
de Wembley, où elle fit
l'unanimité. Au cours des
.... nnées suivantes,
elle confirma tous les espoirs en
obtenant plusieurs fois la note
parfaite de 10-0. Sa carrière
relativement courte lui a valu
12 médailles olympiques :

6 médailles d'or, 5 d'argent et
1 de bronze.

Yukio Endo Japon.
Né en 1937, Endo devint le
meilleur gymnaste japonais
dans les années 60. Présent
à 3 Olympiades et à
2 championnats du monde,
il remporta 8 médailles d'or,
5 d'argent et 2 de bronze. Il
mena l'équipe japonaise à sa
première victoire sur l'équipe
soviétique à Rome en 1960,
victoire répétée à tous les Jeux
Olympiques et rencontres
mondiales jusqu'en 1979.

Eberhard Geinger RFA.
Champion national, son
talent ne se mesure pas
seulement à ses médailles

57

Eizo Kenmotsu

Nelli Kim

mais à ses très nombreuses prestations de haut niveau. Il a remporté 2 titres olympiques, 6 européens et 3 mondiaux.

Stevtlana Grozdova URSS. Née en 1959, championne soviétique en 1976. Elle n'a jamais remporté de titre olympique ou mondial, mais mérite une place parmi les plus grands pour la qualité de ses prestations à la poutre. Sa seule médaille d'or est celle remportée par son équipe aux J.O. de 1976.

Karin Janz et **Erika Zuchold** RDA. Ces deux athlètes exceptionnelles furent toutes deux médailles d'argent aux championnats d'Europe en 1967 et aux J.O. de 1968. L'année suivante, Janz remporta la médaille d'or devant Ludmilla Turischeva aux championnats d'Europe, Zuchold obtenant une médaille de bronze. Janz confirma sa suprématie en remportant 3 des 4 titres aux agrès.

Eizo Kenmotsu Japon. L'un des meilleurs gymnastes japonais et le grand rival d'Andrianov, Kenmotsu remporta la médaille d'or aux championnats du monde de 1970. Il resta le pilier de l'équipe japonaise jusqu'aux championnats du monde en 1979, remportant 9 médailles d'or, 7 d'argent et 6 de bronze.

Nelli Kim URSS.
Née en 1957, Kim eut son heure de gloire aux J.O. de 1976, où elle obtint une médaille d'argent générale derrière Comaneci et remporta deux des quatre médailles d'or aux agrès : au sol et au saut.

Olga Korbut URSS.
Née en 1954, Korbut devint une des plus célèbres gymnastes du monde. Souvent provocante et contestée, elle éclatait parfois en sanglots et, le moment d'après, causait au public une joie immense. Pour une Soviétique, elle a remporté peu de médailles : 6 d'or et 6 d'argent en 2 J.O. et 1 championnat du monde.

Larissa Latynina URSS.
Née en 1934, Latynina fut la première et la plus grande star de la gymnastique. Ce qu'elle a réalisé sert encore de référence. Elle participa à 3 Olympiades, 3 championnats du monde et 3 d'Europe, obtenant une cascade de médailles jamais égalée : 18 olympiques, 14 mondiales et 14 européennes.

Ludmilla Turischeva URSS.
Cette grande gymnaste soviétique fit ses débuts aux J.O. de 1968 à l'âge de 16 ans. En 8 ans de carrière, elle devint championne olympique en 1972, championne du monde en 1970 et en 1974, championne d'Europe en 1971 et en 1973. Elle remporta aussi la première Coupe du monde en 1975.

Un saut extraordinaire d'Olga Korbut aux championnats du monde de 1974 ; elle étonna tout le monde en exécutant un tour complet dans chaque phase du saut.

Des champions américains

Depuis la Seconde Guerre mondiale, les pays anglo-saxons ont été très peu primés dans les grandes compétitions de gymnastique. Aujourd'hui, les États-Unis comptent parmi les meilleurs, et les équipes masculines et féminines sont régulièrement médaillées.

C'est en 1970, aux championnats du monde de Ljubljana, que les États-Unis commencèrent leur progression vers le sommet, avec une médaille d'argent à la poutre pour Cathy Rigby. Cathy fut brillante aux J.O. de Munich, sans toutefois obtenir de médaille. Quatre ans plus tard, à Montréal, Peter Kormann était le seul Américain médaillé, avec une médaille de bronze au sol. Mais aux championnats du monde de 1978 les États-Unis décrochèrent enfin une médaille d'or avec la prestation incroyable de Marcia Frederick aux barres asymétriques. L'Américain Kurt Thomas gagna aussi une médaille d'or au sol et Kathy Johnson une médaille de

A gauche : victoire de Bart Conner à l'American Cup 1982 ; Julianne McNamara se partage le titre féminin avec la Bulgare Zoya Grantcharova.

bronze, au sol également, où elle fut superbe. Bart Conner atteignit très brillamment trois finales mais rata de peu les médailles.

Aux championnats du monde de Dallas en 1979, Kurt Thomas mena encore une fois son pays vers le succès : médaille d'argent sur l'ensemble du championnat et médailles d'or au sol et à la barre fixe. Il arriva aussi second derrière Bart Conner aux barres parallèles. Conner enleva encore une médaille de bronze au saut de cheval. Les États-Unis réalisaient là une performance fantastique.

Le grand art de Kathy Johnson au sol.

A droite : un gymnaste de classe internationale, Kurt Thomas, particulièrement fort au sol.

Index